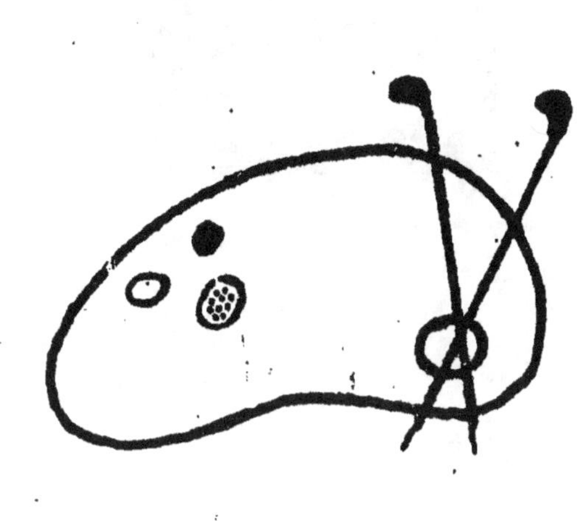

Couvertures supérieure et inférieure
en couleur

DES DEVOIRS

D'UN

ROI PATRIOTE,

ET

PORTRAIT DES MINISTRES

DE TOUS LES TEMPS;

Ouvrage traduit de l'anglois de BOLINGBROKE.

I neither court, nor dread, the Frown, nor the smile of a King.

PARIS,

Chez DEVENNE, Libraire au Palais-Royal, & chez tous les Marchands de Nouveautés.

1790.

A LOUIS XVI,

PREMIER ROI PATRIOTE DES FRANÇOIS.

Ce n'eſt pas une dédicace que je veux faire ; mon épigraphe s'y oppoſe : il me ſuffit de rappeller à notre monarque qu'il occupe le premier trône de l'univers, & qu'il va commencer à régner ſur une nation libre, généreuſe & invincible. Puiſſent la *vérité* & le *patriotiſme* devenir ſes premiers miniſtres !

DES DEVOIRS

D'UN

ROI PATRIOTE,

ET

PORTRAIT DES MINISTRES

DE TOUS LES TEMS;

Ouvrage traduit de l'anglois de BOLINGBROKE. *

I neither court, nor dread, the Frown, nor the smile of a King.

JE ne reſſemble point à ces eſclaves orientaux qui n'oſent regarder leurs ſouverains en face. Mon but eſt d'eſquiſſer *les devoirs d'un roi patriote*, de ces rois ſur-tout qui tiennent leur puiſſance

---

* Il eſt eſſentiel d'obſerver que cet auteur, très-eſtimé en Angleterre, & trop peu connu en France, écrivoit à-peu-près dans le même tems que Monteſquieu, l'un ſous l'étendard de la liberté, & l'autre ſous la verge du deſpotiſme.

A

de leur peuple ; car je n'en connois point qui ne la tiennent que de Dieu.

Il est peu de recherches aussi importantes que celle-ci ; rien n'excite plus la curiosité & l'attention, que de pénétrer les replis des cœurs, mais sur-tout ceux des princes.

Mon âge, mon goût & beaucoup d'autres raisons m'ont éloigné de la cour ; je reconnoîtrois à peine les phisionomies de notre famille royale ; mais, ce qui m'occupe le plus, c'est leur caractere & l'influence qu'il doit avoir sur notre nation.

Ce ne sont point les crimes des chefs des nations, des rois & de leurs ministres que je prétends attaquer ; de telles actions blessent autant la postérité que leur propre siecle. Lorsque ces crimes & leurs suites funestes viennent à s'effacer, l'exemple en reste toujours. Tout homme sensé pensera avec moi que, lorsque les annales de l'histoire sont souillées par telle ou telle administration, le plus grand reproche qu'on ait à faire au ministre de ce tems, c'est d'avoir corrompu la *morale* de ses concitoyens. Je dis en général la *morale*, car celui qui abandonne & trahit son pays, ne manque pas d'abandonner & trahir son ami ; & celui qui peut fouler aux pieds les loix de la justice & de l'équité dans les assemblées de la ration, se conduira de même à coup sûr dans toutes les actions de sa vie. Qu'ils se rappellent donc ces ministres corrupteurs de peuples que les nations ne périssent pas comme les individus, & que le mal qu'ils font laisse toujours de profondes racines.

Pour refondre une nation il faut, pour ainsi dire, lui *réinfuser* cet esprit de liberté qui la mette à une hauteur convenable, & la tire de l'état de dépravation dans lequel elle est plongée. La vertu n'est pas placée sur une montagne escarpée d'un dangereux & difficile accès, comme veulent nous le dire & se le persuader les gens qui cherchent à s'en passer ; mais, il faut l'avouer cependant, elle est placée sur une éminence où l'on ne peut arriver que graduellement & avec de la persévérance.

Pour opérer donc cette régénération si desirable chez une nation avilie depuis long-tems, il faut quelqu'événement majeur qui vienne la purifier, comme si elle passoit par le feu. De grands malheurs au dehors, une insurrection au dedans, & d'autres circonstances semblables qui amenent le cahos universel ; c'est de là que l'ordre doit renaître : mais, ce qui doit faire trembler, c'est qu'on n'y arrive qu'à travers des précipices ; & le plus grand bienfait que la providence puisse offrir à une nation dans une telle conjoncture, c'est UN ROI PATRIOTE, le plus rare des phénomenes dans le monde phyfique & moral.

En rappellant d'abord les devoirs des rois, je me fuis promis de remonter aux premiers principes à cet égard. Les premieres notions nous apprennent que *l'inftitution divine & le droit des fouverains* fe réuniffent au centre commun du pouvoir abfolu, & qu'ils ne peuvent tirer leur origine que d'une *vieille alliance* entre la puiffance civile & la puiffance eccléfiaftique. On a fouvent confondu le caractere de *roi* avec celui de *prêtre*, & ils fe font, felon l'occurrence, prêté des fecours mutuels. Les rois ont profité de l'afcendant que les prêtres avoient fur les confciences, & ceux-ci ont appris par expérience que, pour conferver leur dignité, leur pouvoir & fur-tout leur richeffe, il falloit fuppofer *un droit divin* qu'ils ne manquoient pas de communiquer aux rois leurs collègues ; & par cette double rufe, ils couvroient leurs ufurpations fur le crédule vulgaire.

Les auteurs de ces belles inventions étoient non-feulement confidérés pendant leur vie, mais adorés après leur mort. On les regardoit comme les dieux de la premiere claffe *dii mujorum gentium.* Ceux qui fonderent des républiques, créerent des rois & furent des héros, eurent le titre de dieux de la feconde claffe, *dii minorum*

(5)

gentium. Toute prééminence fut donnée dans le ciel & fur la terre à proportion du profit que l'on retiroit. *La majefté* fut la premiere récompenfe, & *la divinité* la feconde. On leuroit ainfi les peuples dans ces tems de fimplicité & de fuperftition.

J'ai lu dans un des hiftoriens du bas empire romain, (& je ne confeille à perfonne de perdre fon tems à une pareille lecture) que Sapores, fameux roi de Perfe, fut couronné dans le ventre de fa mere. Son pere l'ayant laiffé enceinte, les mages déclarerent qu'elle accoucheroit d'un enfant mâle ; auffi-tôt on fit apporter tous les attributs de la royauté, on les plaça fur le ventre de fa majefté, & les princes & les fatrapes vinrent fe profterner devant *l'embrion monarque.*

Qu'on ne m'accufe pas de principes *anti-monarchiques*, & qu'on ne me croye pas l'ennemi de la fucceffion au trône par droit de naiffance. Je préfére la monarchie à tous les autres gouvernemens, & la monarchie héréditaire à celle qui eft élective. Je refpecte les rois, *leur charge*, leurs droits & leurs perfonnes. On retrouvera cette profeffion de foi dans tous les principes que je vais établir ; car je penfe que le caractere & le gouvernement d'un ROI PATRIOTE ne peuvent avoir d'autre bafe que lorfque *leur charge* & leurs droits feront regardés comme divins, & leurs perfonnes facrées.

L'être suprême n'a inflitué ni monarchie, ni ariflocratie, ni démocratie, ni gouvernement mixte; cependant, par les loix générales; il exige notre obéiffance à celles auxquelles nous nous fommes foumis. On peut donc conclure, d'après la faine raifon, que la jufte autorité appartient aux *rois* & l'obéiffance aux *peuples*. Il vaut donc mieux, pour les rois eux-mêmes, avoir leur autorité fondée fur des principes incontestables que de leur donner pour bafe des prétentions chimériques qui n'ont jamais été l'ouvrage que des fous ou des fripons. *Un droit humain* incontestable eft conftamment préférable *à un prétendu droit divin* qui ne perfuade point.

Mais allons plus loin. Ce droit divin dépend abfolument des rois qui en font ufage, ouï pour gouverner *bien*; mais un droit divin pour gouverner *mal* eft une abfurdité & même un blafphême. Un peuple, un droit de fucceffion, peuvent placer un *mauvais prince* fur le trône; mais un *bon roi* ne tient fon droit de gouverner que du roi des rois. La raifon en eft claire; Dieu nous a créés pour nous rendre heureux; le bonheur de la fociété dépend d'un bon ou d'un mauvais gouvernement : fon intention a donc été de nous procurer un bon gouvernement.

Il faut fe dire une bonne fois que les œuvres de perfection ne peuvent point s'adapter à notre nature imparfaite, que les vertus ſtoïques & la politique de Platon ne ſont que de frivoles amuſemens pour les ſots : *verba otioſorum ſenum ad imperitos juvenes.*

Pour me réſumer, je dirai donc que la *monarchie limitée* eſt le meilleur des gouvernemens ; & je penſe auſſi que celle qui eſt héréditaire, eſt la meilleure des *monarchies.* Pour la monarchie *illimitée*, qui n'a d'autre regle que le pouvoir arbitraire, c'eſt une ſi grande abſurdité, que je regarde cette forme de gouvernement plus convenable à des ſauvages qu'à un peuple civiliſé.

Il eſt bien eſſentiel de définir ce qu'on entend par *monarchie limitée*, ſur-tout quand on veut fixer ſes idées ſur tout ce qui conſtitue l'eſſence d'un ROI PATRIOTE.

La *monarchie* me paroîtra toujours préférable à tout autre gouvernement, parce qu'on peut plus facilement & plus utilement la tempérer par l'*ariſtocratie* & la *démocratie* qu'il n'eſt facile de tempérer ces deux-ci par la *monarchie.* La conſéquence en eſt toute ſimple, c'eſt qu'une grande lumiere abſorbe toujours la plus foible.

Il exiſte donc deux genres de pouvoirs que nous ſommes toujours très-diſpoſés à confondre dans la ſpéculation, parce qu'ils l'ont été trèsſouvent dans la pratique, le pouvoir *légiſlatif* & le pouvoir *monarchique.*

Il est démontré que, dans chaque gouvernement, il faut qu'un pouvoir absolu, illimité & *incontrôlable*, soit placé quelque part ; mais pour constituer la monarchie ou le gouvernement d'un seul, il n'est pas nécessaire que ce pouvoir soit placé dans le monarque *seul*. Cette forme de gouvernement seroit aussi absurde que de vouloir régner sans se soumettre à aucunes loix.

L'univers est gouverné par des loix immuables & incompréhensibles. Les foibles mortels ne cessent d'en admirer la rare & immuable harmonie sans pouvoir en pénétrer les ressorts ; on voit qu'il en résulte un *tout* combiné sur les différentes relations des choses les unes avec les autres ; & que le créateur de tous ces systêmes s'est prescrit une regle dont il ne veut pas s'écarter. En un mot, je suis convaincu, quelque hasardée que paroisse cette expression, que *Dieu est un monarque*, non pas *arbitraire*, mais *limité* par cette *sagesse infinie* qui constitue son *infini pouvoir*. Ainsi donc, si la *monarchie suprême* s'est soumise elle-même à des loix, à plus forte raison devons-nous les trouver indispensables dans la *monarchie humaine*. Les rois doivent être soumis à des regles que la sagesse de l'état qu'ils gouvernent a dû leur prescrire, & qui doivent être consenties par le peuple dont ils ne sont pas les *créateurs*.

La forme effentielle de la monarchie ne doit pas être confervée fi elle eft attentatoire à la liberté : *falus populi fuprema lex*. Toutes mes idées, en fait de gouvernement, font impartiales ; je ne fuis, en écrivant, ni *Whig* ni *Torg*, du moins je cherche à éviter l'excès des deux partis. Je n'habille pas les rois comme autant de *Jupiter burlefques*, tenant dans leurs mains les deftinées de la race humaine, & lançant la foudre fur les rebelles Titans ; je ne veux pas non plus tomber dans l'excès contraire ni les *dépouiller* fi complétement qu'il refte à peine de quoi couvrir leur *majefté* : je n'ai eu d'autre but que de fixer ce principe ; favoir, qu'il faut limiter le pouvoir de la couronne de maniere à affurer la liberté du peuple.

On m'objeftera peut-être qu'en voulant reftreindre le pouvoir d'un bon prince, on produit en même tems de l'embarras dans fon adminiftration, & de là le mécontentement des peuples occafionné par ce défaut de pouvoir néceffaire pour conferver la tranquillité publique, & procurer la profpérité nationale. Mais ce qui rendroit l'adminiftration défectueufe fous un bon roi, produiroit une fubverfion générale fous un mauvais prince.

Il m'eft doux, au milieu de ces réflexions, de jetter un regard de complaifance fur la conf-

titution britannique ; elle eſt preſque élevée à
un tel point de perfection, qu'un roi, qui ne ſeroit
pas même patriote, pourroit gouverner la Grande
Bretagne ſans peine , avec sûreté , honneur &
dignité, & en même tems avec une force & un
pouvoir ſuffiſant ; à plus forte raiſon quel degré
de puiſſance ne s'empreſſoit-on pas d'accorder
à un roi patriote?

Mais il ne ſuffit pas de paroître *patriote*, il
faut l'être réellement. Monarques ou ſujets, ap-
prenez cette grande vérité fondamentale, que
les grandes baſes du patriotiſme ſont les *grandes
vertus.* Ce ſont de tels principes qu'il faut graver
dans le cœur de l'homme ; & je ne crains pas
d'avancer qu'avec ceux-là ſeuls on peut former
un bon roi : il peut avoir un naturel heureux ,
plein de généroſité & ſans ambition , mais ſans
l'exercice de ces vertus, il ne rendra jamais ſon
peuple heureux.

Bien loin de m'étonner qu'il y ait dans le
monde ſi peu de rois capables de gouverner,
je ſuis encore ſurpris qu'il y en ait autant. Que
peut-on attendre de ces êtres dont le berceau
eſt aſſiégé par le menſonge, la baſſeſſe & la
flatterie , triſte apanage des palais , que les
courtiſans ſont intéreſſés à perpétuer ; auſſi leur
occupation journaliere eſt-elle de chercher à
perſuader à ces princes qu'ils ſont d'une eſpèce

diſtinĉte & *ſupérieure* au commun des hommse.

Louis XIV. eſt une preuve frappante de ce que je viens d'avancer. Il reçut cette mauvaiſe éducation qui prépare les rois à devenir des tyrans ſans qu'ils s'en doutent. Le degré d'op-preſſion ſous laquelle il fit gémir ſon peuple pendant tout le cours d'un long regne, put pro-venir en partie de ſon caraĉtere altier, mais ſon éducation y entra pour beaucoup. On l'avoit accoutumé à regarder ſon royaume comme le patrimoine de ſes ancêtres ; lorſqu'on oſoit lui parler de la miſere du peuple, ſi par haſard on ſe ſervoit de ce mot l'*état*, le prince en étoit choqué, s'en plaignoit, & recommandoit qu'on employât une autre expreſſion. Doit-on être ſurpris de voir les ſouverains tomber dans une erreur qui prend ſa ſource dans la plus grande imperfeĉtion de la nature humaine, c'eſt-à-dire, au milieu de notre orgueil & de notre vanité ; enfans illégitimes de l'amour-propre, mais tou-jours ſes enfans, & ſouvent trop chéris, puiſ-qu'ils finiſſent par gouverner toute la famille.

C'eſt ainſi que les plus grands philoſophes ont enſeigné, dans leurs écoles, que le monde avoit été créé pour l'homme, la terre pour être habitée par lui, & tous les corps lumineux qui l'environnent pour en être admirés. Les rois ne font-ils pas de même quand ils s'imaginent être les, caufes finales pour lefquelles les fociétés ont été formées & les gouvernemens inftitués ?

Que de réformes à faire dans *l'éducation des princes* ! Le choix de ceux qui les approchent eft de la plus grande importance : ils ne devroient jamais perdre de vue que le maître qu'ils fervent doit être le chef de la nation, & qu'ils s'engagent à lui être attachés comme fujets & comme citoyens.

Lorfqu'un *roi patriote* eft uni avec fon peuple, on voit bientôt les projets des méchans renverfés, la vertu triompher par-tout, & le vice fe tenir à l'écart. Quand même un bon prince feroit expofé à fouffrir avec fon peuple, il doit fupporter les événemens comme *fujet*, avant de les maîtrifer comme *roi*. Il doit fe former à cette école, qui a produit les plus grands & les meilleurs monarques ; *l'école du malheur*.

Le premier foin d'un *roi patriote*, en arrivant au trône, c'eft de raffermir cette libre conftitution qui auroit pu être fouillée par les adminiftrations précédentes ; on regardera ces idées comme les rêveries d'un homme qui n'eft pas au courant des affaires, & qui a perdu de vue ce monde politique. Voilà, dira-t-on, le vrai moyen de réveiller l'efprit d'infurrection ; c'eft rejetter le feul expédient pour gouverner une monarchie limitée avec fuccès ; c'eft travailler à reftreindre fon pouvoir au lieu de l'étendre, replâtrer une vieille conftitution au lieu d'en former une nouvelle ; en un mot, c'eft refufer d'être un *monarque abfolu*, quand toutes les cir-conftances font favorables.

On traitera tout ceci de paradoxe, & je dois m'y attendre, dans un fiecle auffi frivole & auffi cor-rompu que le nôtre, dans un fiecle où tant de gens trahiffent la caufe de la liberté, & agiffent non-feulement fans aucuns égards, mais dans des vues directement oppofées à l'intérêt de la patrie ; non par furprife, ni par foibleffe, ni par féduc-tion, mais par un choix réfléchi & par un conf-tant attachement aux principes corrompus qu'ils ne ceffent d'avouer & de propager ; dans un fiecle où le fervice de la patrie eft toujours facrifié à l'intérêt perfonnel ou à celui d'une faction effré-née ; dans un fiecle enfin où la vérité eft regardée comme une illufion, & où la caufe de la liberté eft traitée de fédition.

Mais il y a long-tems que j'ai bravé la cen-fure ou le ridicule des hommes pervers ; leurs *faux talens* ne méritent que mon mépris, & leur *immoralité* mon indignation.

Difcutons donc froidement à la barre de la raifon & de l'expérience ; jugeons fi ces para-doxes ne font pas des propofitions qui entraînent avec elles l'évidence, & fi ces rêveries ne font pas de grandes vérités confirmées par l'expérience de tous les fiecles & de tous les pays.

Machiavel eft un auteur d'un grand poids pour ceux qui veulent me combattre. Il propofe aux princes l'augmentation de leur pouvoir, l'agrandiffement de leurs domaines, & la foumiffion de leurs peuples comme devant être les feuls objets de leur ambition. Il recommande d'employer tous les moyens qui tendent à ce but, fans avoir égard à la moralité ou à l'immoralité des actions ; l'affectation de la vertu eft même, à fon fens, chofe très-utile aux princes : en cela il appuie mon fystême. La feule différence qui fe trouve entre Machiavel & moi, c'eft que je veux la vertu *réelle*, & qu'il n'en exige que *l'apparence.*

De toutes les réflexions précédentes il faut conclure que les hommes n'ayant formé des fociétés que parce qu'ils ne peuvent pas vivre fans elles, ni dans un état *d'individualité*, & qu'ayant enfuite établi des *gouvernemens*, parce que les fociétés ne peuvent fe maintenir fans eux, ni fubfifter dans un état *d'anarchie*, le principal but de tous les gouvernemens, doit être le bien du peuple qui les a créés pour fon bonheur, & qui n'auroient pas exifté fans leur confentement. Dans l'origine des fociétés, les hommes ont cédé une partie de leur liberté pour conferver l'autre. Mais, m'objectera-t-on, tout gouvernement eſt incompatible avec la pleine jouiſſance de la liberté ? Non, aſſûrément ; car, comme la liberté populaire tend toujours à la licence, ainſi que toute domination tend à la *tyrannie*, il a fallu que le bon gouvernement & la liberté légale ſe prêtaſſent des forces mutuelles.

Je ne parlerai point de ces peuples, s'il y en a eu, qui ont été aſſez ſtupides pour former un contrat avec la tyrannie, ni de ceux à qui la tyrannie a enlevé tous leurs droits par violence ou par adreſſe. Je ne prononcerai pas ſur les droits de *pareils ſouverains*, ni ſur les devoirs de pareils ſujets. Il en eſt des gouvernemens comme des climats, il faut que les hommes ſe contentent *de leur lot*, qu'ils en ſupportent les avantages & les inconvéniens, & qu'ils ſouffrent ce qu'ils ne peuvent empêcher. Je ne m'occuperai ici que des peuples qui ont été aſſez ſages & aſſez heureux pour établir & conſerver une *conſtitution libre*, comme l'ont fait les habitans de l'Angleterre : c'eſt à ceux-là que je dirai que *leurs rois* ont pris l'engagement ſolemnel, ſous les auſpices de tout ce que les loix divines & humaines ont de plus ſacré, de défendre & de maintenir la liberté.

Le *ſalus populi* doit être la principale fin de tout gouvernement. C'eſt dans cette vue que les

chefs des nations ont été nommés. Tout leur
pouvoir repose sur cette premiere loi dictée par
la nature & par la raison : or, comme le plus
grand bien du peuple est la liberté, tout doit
tendre vers ce but important. La liberté (*) est
au corps collectif comme la santé au corps individuel. L'homme ne jouit d'aucuns biens sans
la *santé* ; point de bonheur pour l'être social
sans la *liberté*.

Les rois dont on a égaré le jugement, endurci
le cœur, & empoisonné les principes de morale
& de vertu, lorsqu'ils se trouvent enflammés
par leurs passions, ne sont que trop disposés à
confondre leurs droits. Ils croient que le roi
& le peuple doivent être toujours dans un état
de rivalité continuelle ; qu'ils ont tous deux des
intérêts & des *vues différentes* ; que les *droits*
& les *priviléges* du peuple sont autant de *dé-
pouilles* des *droits* & des *prérogatives* de la couronne, & que les regles établies pour le bien
de tous sont autant de *diminutions* de leurs dignité & *d'usurpations* de leur pouvoir.

Mais un ROI PATRIOTE aura des principes
bien différens ; il regardera la constitution comme
une loi composée de deux tables ; l'une contenant

(*) La liberté, a dit une de nos feuilles périodiques,
est une fievre épuratoire, c'est la santé elle-même.

ses

fes droits, & l'autre ceux de fon peuple. Il n'y verra qu'une feule diftinction, c'eft-à-dire, qu'il fe regardera comme le *dépofitaire* choifi par ceux qui ont la *propriété*. Il jugera que fon droit n'eft établi que par la conftitution, tandis que celui de fon peuple prend fon origine dans la loi naturelle.

J'ai infifté fur les principes généraux du gouvernement monarchique, parce que je les regarde comme le germe du patriotifme. Ces femences doivent être placées de bonne heure dans le cœur des princes, afin de furmonter ces plantes parafites que l'on y rencontre fi fouvent, & qui finiffent par étouffer *les vertus royales*. Un fouverain qui méconnoît les vrais principes, fe trompera toujours fur l'art de régner.

On trouve dans les ouvrages de milord Bacon une réflexion philofophique qu'il eft important de ne pas perdre de vue : le plus fûr moyen, dit-il, & le plus noble de fixer les agitations continuelles de l'efprit humain, qui tantôt voudroit fe porter vers un état de perfection, tantôt fe laiffer entraîner vers la dépravation, eft celui-ci; choifir de bonne heure un *objet de vertu* proportionné aux moyens que nous avons d'y arriver, & à la place que la Providence nous a affignée; y déterminer & y fixer notre efprit de maniere que nous en faffions notre tâche principale, &

B.

que toute notre vie soit employée à atteindre
à ce but. En cela nous imiterons les grandes
opérations de la nature, & non pas les foibles
& lentes imperfections de l'art. Il ne faut pas
travailler au caractere moral comme un sculp-
teur travaille dans son atelier ; celui-ci retouche
tantôt la figure, tantôt une partie & tantôt une
autre : prenons la nature pour modele, obser-
vons-la dans la formation d'une fleur, d'un animal ou de quelques autres de ses productions :
rudimenta partium omnium simul parit & producit.

L'être végétal ou animal est dès sa naissance
ce qu'il sera toujours, il ne fait que prendre de
l'accroissement. C'est ainsi qu'un ROI PATRIOTE
doit s'annoncer en montant sur le trône. Il doit
diriger toute sa conduite sur ces principes généraux. A son aspect tous les projets de corruption
cessent, l'esprit de la constitution se révifie, &
remonte à sa primitive intégrité ; *les vraies bar-*
rieres contre le pouvoir arbitraire sont posées ;
toutes les ruses & tous les déguisemens de la
tyrannie disparoissent. La dépravation des mœurs
précipitoit l'état vers sa ruine, une heureuse ré-
forme rétablit le tout.

On s'éloigne si facilement de la vertu ! On
trouve, il faut en convenir, dans le système
politique, un *esprit-malin*, un tentateur conti-
nuel ; le monarque vertueux ne manquera pas

de moyens pour l'exorcifer & en délivrer fes fujets. Un ROI PATRIOTE eft le plus puiffant de tous les réformateurs ; c'eft un bienfait fi rare dans tous les empires, que fa préfence feule répand l'amour & l'admiration dans tous les cœurs, la terreur & la confufion dans toutes les ames coupables, & la foumiffion & la réfignation dans toutes les volontés. A fon avénement il femble créer un nouveau peuple ; il fait fubir à fa nation ces métamorphofes innombrables qui avoit toujours été le domaine des poëtes ; & dans la régénération de tous les fentimens, chaque individu fe croit un nouvel être.

Mais n'exigeons pas des miracles ; tous les ouvrages des hommes font fragiles & périffables ; l'exiftence immuable appartient feule à l'être fuprême. Le meilleur gouvernement eft comme le corps individuel le mieux conftitué; il porte en lui un principe ineffaçable de deftruction. Chaque moment de fa vie eft un pas vers fa fin. Tout ce qu'on peut faire pour en prolonger la durée, c'eft de le ramener fans ceffe aux bons principes ; lorfque les occafions s'en préfentent fréquemment, de tels gouvernemens jouiffent d'une profpérité durable : finon ces corps politiques tombent dans la langueur & périffent bientôt.

Un ROI PATRIOTE doit fe conduire comme

un pilote expérimenté, réparer pendant le calme les dégâts qu'a pu occasionner la tempête, & se préparer sans cesse à une nouvelle tourmente. Il doit joindre le précepte à l'exemple, & se bien persuader que, parmi les bienfaits qu'il cherche à répandre sur ses peuples, il ne peut pas leur assurer une succession de rois comme lui. Il n'en est pas du manteau royal comme de celui d'Elie ; il n'a pas la vertu de transmettre l'esprit de patriotisme, comme ce dernier le don de prophétie. Tout ce que ce bon prince peut faire pendant le cours de son regne, c'est d'affermir les bases d'un bon gouvernement, & en régénérer l'esprit ; ses peuples feront le reste : s'ils s'y refusent, le blâme retombera sur eux. A tout événement, il les aura fait jouir des douceurs de la liberté, & ils seront plus en état de la défendre au moment où il disparoîtra de la scene du monde.

Après ces observations générales, il ne sera peut-être pas inutile d'entrer dans quelques détails qui pourront servir de leçons aux souverains qui occupent actuellement (*) les trônes de l'Europe. Combien parmi eux sont jaloux d'accumuler le titre de *patriote* à toutes leurs grandeurs, & combien en sont peu dignes !

____

(*) C'étoit en 1740.

Le premier soin d'un prince jaloux de sa gloire doit être de gouverner lui-même aussi-tôt qu'il commence à régner. C'est de ce moment-là qu'il sera jugé ; tout dépend des premières impressions. Deux grands objets doivent l'occuper principalement, 1°. de *purger sa cour* ; 2°. de n'appeller dans ses conseils que des hommes dont les principes soient aussi sûrs que les siens.

Quant au premier objet, si le regne précédent a été corrompu, on sait de quelle manière la cour aura été composée ; des gens en place, qui sont presque toujours des intrigans hardis, entreprenans, chefs de parti, sans autre talent qu'une ambition démesurée, courant après la fortune pour contenter leur avarice, & après les dignités & les cordons pour satisfaire leur vanité. Si un roi est foible, de tels ministres abusent de son caractere ; s'il est méchant, ils lui sont utiles. C'est alors que l'administration sera infectée de prostituées, de sangsues, d'espions, de parasites, de *sycophantes*, & de mille autres insectes qui ne cessent de bourdonner dans les coins du palais. Un ROI PATRIOTE doit, avant tout, se débarrasser de cette perfide engeance.

On pourroit en abandonner quelques-uns, non pas à la fureur des partis, non pas pour satisfaire des ressentimens particuliers, mais pour servir d'exemple aux administrations futures. La clémence doit être sans doute une des premieres vertus du prince dont j'ai entrepris de tracer le caractere ; mais elle a ses bornes, & elle ne doit pas dégénérer en foiblesse.

Parmi les êtres méprisables qui formeront cette cour corrompue, il y a une classe d'hommes trop bas pour qu'on s'en occupe & trop élevés pour qu'on les oublie tout-à-fait ; on pourroit les appeller les *gros meubles d'une cour.* Cette espece de mannequins ressemble assez aux pions du jeu d'échecs ; on les remue à volonté sans conséquence, & le sort de la partie ne dépend pas d'eux. Il est d'usage que tous les princes en aient au tour d'eux.

Quant au second objet, celui de n'appeller dans les conseils que des hommes de principes sûrs, on en sent toute l'importance. Un bon choix de ministres honnêtes & éclairés exige le discernement le plus sain. Il faut un tact très-délié pour ne pas confondre l'homme fin avec l'homme rusé ; la distinction est imperceptible, Milord Bacon dit quelque part : que la ruse est *une sagesse bâtarde & tortueuse.* Je dirois plutôt que c'est une partie de la sagesse, mais la moins estimable, employée par certaines gens, parce qu'ils n'ont que celle-là, & par d'autres, parce que c'eft précifément tout ce qui leur en faut pour le but qu'ils fe propofent. La fageffe n'eft *ni bâtarde ni tortueufe*, mais la tête de beaucoup de gens en contient peu, & le cœur de beaucoup d'autres l'emploie mal.

Pour fuivre une comparaifon dans le même ftyle que milord Bacon, je dirai que l'homme rufé fait mieux mêler les cartes, & l'homme fenfé fait mieux conduire fon jeu. La fageffe & la rufe tendent fouvent au même but. *La fimulation & la diffimulation* font les attributs principaux de la rufe, mais un homme honnête ne s'en fervira pas indiftinctement. La *fimulation* eft un ftilet ; c'eft une arme offenfive qui n'eft pas permife. La *diffimulation* eft un bouclier, comme le fecret eft une armure ; & dans l'adminiftration des affaires publiques, le fuccès d'un grand nombre d'événemens dépend de la diffimulation & du fecret. Ces deux attributs de la rufe font comme l'alliage dans les pieces de monnoie ; un peu eft néceffaire, l'excès fait perdre de leur valeur & ruine le crédit.

Pour porter dignement le nom de Roi Pa-triote, il ne faut époufer aucun parti, mais gouverner comme le pere commun de fon peuple. C'eft un avantage particulier attaché à ce caractere que les princes, qui l'ambitionnent, ne font pas tentés de former aucun parti dans l'état ; car tous ces *partis* dégénerent bientôt en factions, qui deviennent celles des ministres, si le monarque n'a pas les talens nécessaires ; & le résultat en est toujours le même, *l'oppression du peuple.*

De tous les gouvernemens l'image la plus consolante c'est celle d'un peuple libre qui a le bonheur de posséder un ROI PATRIOTE. Rien ne ressemble plus à ces familles patriarchales où les chefs & les membres sont unis d'un même esprit & animés d'un même intérêt ; toutes les dissentions en sont bannies, & tout tend à une union parfaite : tout le monde conviendra que cet état est le plus desirable de tous ; mais comment y parvenir ?

Lorsqu'un prince saura développer un caractere de noblesse & de franchise dans toutes ses actions, il sera sûr d'affermir son pouvoir. On ne lui imputera ni les abus du gouvernement, ni les erreurs de l'administration, ni même les crimes de ses ministres ; on préférera *le poids du sceptre* (*) à la *verge de fer des factions*. Il saura réparer les torts, corriger les erreurs & réformer ou punir les ministres : enfin il dis-

____

(*) Cette expression rappelle un beau vers d'une tragédie imitée de l'anglois :

Mais qu'un sceptre est pesant lorsqu'on entre au tombeau.
HAMLET.

tinguera la voix de son peuple de la clameur des factions.

L'expérience nous a appris que la dépravation de la nature humaine avoit forcé les hommes à vivre en sociétés & sous un gouvernement quelconque ; par une suite de cette dépravation les mêmes sociétés formerent des projets d'invasion les unes contre les autres : pour employer plus de force les corps collectifs se formerent. C'est précisément ce qui arrive dans l'économie politique des états particuliers : les différentes passions en troublent l'harmonie ; les uns mettent tout en usage pour procurer le plus grand bien possible à la société ; d'autres se divisent & forment des partis pour se livrer à des intérêts particuliers.

De tous tems les affaires humaines ont suivi cette marche, sur-tout dans les pays libres où les passions ne sont pas restreintes par l'autorité ; & je ne suis pas assez déraisonnable pour supposer qu'un ROI PATRIOTE puisse changer la nature humaine ; mais il doit mettre toute son habileté à suivre le torrent sans s'y laisser entraîner : il s'occupera sur-tout à déjouer les projets pernicieux, à croiser l'esprit de faction ; tous ses moyens seront dirigés vers l'union générale, qui seule peut produire un bon gouvernement, & avec lui la tranquillité publique & particuliere, la richesse, le pouvoir & la renommée.

Telle fut la position de l'Angleterre sous le regne d'Elisabeth : elle trouva son royaume livré aux factions les plus effrénées ; les réunir étoit au-dessus des moyens humains, mais elle leur inspira ce *grand esprit national* qui est capable de si grandes choses ; avec ce puissant levier elle tint son peuple armé, conserva la tranquillité au-dedans, & porta à ses alliés des secours qui devinrent la terreur de ses ennemis au-dehors. Elle ne chercha pas, dit-on, à appaiser les cabales de sa cour ni les intrigues de ses mi-nistres, mais elle veilla à ce que la division ne franchît pas les bornes de son palais. *Essex*, son favori, pour avoir tenté cette entreprise, la paya de sa tête. D'après cela, que nos fameux docteurs en politique, qui ne cessent de prêcher cette maxime triviale, *divide & impera*, com-parent la conduite d'Elisabeth avec celle de son successeur : celui-ci chercha à susciter des fac-tions dans son royaume, & en fut la victime.

Mais on a de la peine à croire qu'un bon prince, sage & juste, puisse parvenir à réunir un peuple divisé, tandis qu'un prince méchant ne peut pas y réussir, tant la perversité humaine est montée au plus haut degré ; au lieu de ca-cher les crimes on en fait parade : on ne se contente pas d'être vicieux par *pratique* & par *habitude*, on veut encore l'être par *principe* ; on devient même *miſſionnaires* de faction & de corruption. Ces ſortes de gens ont renoncé à tout, & ils regardent un homme comme un ſot, quand il n'eſt pas en état d'être un fripon. Pour les qualifier tels qu'ils doivent l'être, on peut dire qu'ils ſurpaſſent en iniquité beaucoup de ceux qui habitent Newgate (*).

Il n'eſt peut-être pas inutile d'appliquer toutes ces réflexions aux différens états qui ont des relations avec l'Angleterre ; on pourroit les étendre comparativement avec leur ſituation, le caractere de leurs peuples, la nature du gouvernement, & même auſſi en conſidérant leur climat & leur ſol : mais cette digreſſion me jetteroit trop loin de mon ſujet : je me contenterai d'indiquer ſeulement quelques rapports commerciaux de notre iſle avec ſes voiſins du continent.

L'Angleterre, autant par ſa ſituation que par le caractere de ſes habitans & la nature de ſon gouvernement, devoit naturellement s'adonner au commerce ; ſon climat & ſon ſol lui en impoſoient la loi. Le commerce ſeul pouvoit la rendre une nation riche & puiſſante ; ſans lui elle étoit nulle parmi les puiſſances de

---

(*) C'eſt une des priſons de Londres.

l'Europe. Elle a la mer pour limites , ſes vaiſ-
ſeaux pour fortereſſes & ſes matelots pour rem-
parts. La France , quoique douée de bien plus
grands avantages par ſes richeſſes naturelles &
l'étendue de ce royaume , nous eſt inférieure
en matiere de commerce , & cette foibleſſe
provient de la nature de ſon gouvernement (*).

La Hollande a les mêmes avantages que l'Angleterre, & le caractere de ſes habitans eſt né-
ceſſairement enclin au commerce ; ſans lui ils
ne peuvent ſubſiſter , & leur poſition les a forcés
à devenir les voituriers de l'Europe. La Grande-
Bretagne tient le milieu entre ces deux nations ,
quant à la richeſſe & à la puiſſance. La France
a tant de moyens qu'elle peut en négliger quelques-uns, mais l'Angleterre & la Hollande ne
doivent jamais perdre de vue leurs reſſources.

Combien tous ces avantages peuvent devenir
précieux dans les mains d'un ROI PATRIOTE !
Pour ſe convaincre de cette vérité, il ſuffit de
comparer l'Angleterre & la Hollande ; les habitans de cette derniere contrée , ſuſpendus pour
ainſi dire au milieu des eaux , doivent tout à
leur induſtrie. C'eſt à leurs efforts ſoutenus qu'ils
doivent leur richeſſe & leur puiſſance, & ſur-

- (*) Si Bolingbroke revenoit parmi nous il penſeroit
différemment.

tout parce que depuis la fondation de la république, cette nation a toujours été compofée de *patriotes* & de *marchands*. L'efprit de ce peuple s'eft toujours porté, avec une application foutenue, vers tous les objets de commerce, d'induftrie, d'ordre & d'économie.

Avant le regne d'Elifabeth notre commerce avoit déjà éprouvé de grands encouragemens, mais il appartenoit à cette grande princeffe (1) de l'élever à l'état floriffant où on l'a vu alors. C'eft elle qui donna ce mouvement rapide à tout notre fyftême mercantile : tous ces liens furent relâchés par le caractere pufillanime de Jacques premier; nos guerres civiles augmenterent le mal, le voluptueux Charles II (2) l'accrut encore. Depuis la révolution jufqu'à la mort de la Reine Anne (3) le commerce ne ceffa de fouffrir pendant le cours de deux longues guerres. La dette nationale (4) s'accumula d'une maniere effrayante & les impôts avec elle.

Que de foins, que de vigilance doit employer un ROI PATRIOTE pour ne jamais perdre de vue les intérêts de fon pays ! Sa conduite ne doit être réglée par aucune influence ni intérieure ni étrangere. Diminuer les impôts, amortir la dette nationale, doit être fa principale occupation, enfin employer tous les moyens de rendre fon royaume floriffant.

La Grande-Bretagne est fortifiée par la mer.
Elle profite souvent des querelles de ses voisins
pour augmenter ses richesses & son commerce.
Les invasions dans son isle sont des entreprises
difficiles ; les forces qu'elle rassemble la met
plus à portée de se livrer à des projets de con-
quêtes ; le regne d'Elisabeth en est un exemple
mémorable. Le rôle de l'Angleterre doit être
celui de la finesse & de l'observation , tandis
que les autres puissances se surveillent sans cesse,
cherchent à se pénétrer & à prévoir le moindre
événement. D'autres nations du Continent sont
comme les *Velites* à Rome , toujours armés &
prêts à entrer en campagne. Il est essentiel à
l'Angleterre de profiter dignement du *poste d'a-*
vantage & d'honneur qu'il semble que la nature
lui ait assigné , en conservant sa force pour les
grandes occasions, & ne la dissipant point incon-
sidérément ; cet objet , qui est de la plus grande
importance, doit occuper principalement ceux
qui gouvernent cette nation ; elle pourroit devenir par-là, dans le système général de l'Europe,
l'arbitre de tous les différens , *le défenseur* de la
liberté & le *conservateur* de cette fameuse ba-
lance politique dont on a tant parlé , & que si
peu de gens connoissent.

Ne serons-nous donc jamais soldats ? me direz-
vous : oui, nous devons l'être à proportion du

befoin que nous en aurons pour notre défenfe ;
mais il ne faut pas perdre de vue que cette
force militaire eft une arme bien dangereufe
dans les mains des mauvais rois & des mauvais miniftres ; nous ne pouvons devenir foldat
pour la défenfe comme pour l'attaque que felon
les circonftances & felon les forces relatives des
autres puiffances de l'Europe. Ne dénaturons
point notre effence ; nous fommes des animaux
amphibies qui ne devons venir à terre qu'acci-
dentellement. La mer eft notre élément ; là
réfide notre plus grande force & notre plus
grande fécurité.

Je terminerai cet écrit en confidérant mon
roi patriote fous un dernier point de vue, celui
qui concerne fon caractere perfonnel, fa conduite vis-à-vis des autres hommes, & en un
mot fa vie publique & privée. Je veux parler
de la décence & de la grace, appellée par les
François *bienféance*, par les Latins *decorum* &
par les Grecs πρέπον, attributs inféparables de
la vertu. De même que la *beauté* eft toujours
accompagnée de la *fanté*, il femble, comme
difent les ftoïciens, que la vertu doit avoir fon
luftre.

Il y a, dans les ouvrages de l'art, certains
coups de perfection qui ne font faifis que par
des yeux exercés ; ceux-là jugent du mérite de

l'art, & suppléent à ce qui y manque en voyant
le but de l'artiste, même dans ses imperfections : d'autres trouveront l'ouvrage défectueux,
parce qu'il n'est pas achevé, & sans savoir précisément ce qui leur déplaît, ils pourront admirer sans être content. Il en est de même en
morale, les qualités brillantes cachent les défauts
& les compensent ; cela peut suffire pour le
commun des hommes, mais les princes ont
bien d'autres obligations : ils doivent être sans
cesse sur leurs gardes ; mille circonstances &
mille occasions les avertissent de veiller sur eux-
mêmes. Il est rare qu'ils puissent s'égarer lorsqu'ils ont les vraies notions d'un bon gouvernement, qu'ils connoissent l'étendue de leurs
devoirs, & qu'ils aiment leurs peuples ; ce sera
leur meilleure boussole dans les conseils, dans
les camps, & pour remplir la tâche pénible qui
leur est imposée. N'oublions pas néanmoins qu'ils
sont des hommes, & qu'il faut compatir à leurs
foiblesses. Si leur élévation leur donne beaucoup
d'avantages, elle les place aussi dans un plus
grand jour d'où n'échappe aucune de leurs imperfections. Rappellez-vous ce mot remarquable
d'Henri IV ; il demandoit à un ambassadeur
d'Espagne si son souverain avoit des maîtresses ;
le courtisan répondit avec cette bassesse ordi-
naire à ses pareils : que le roi son maître avoit
toujours

toujours eu les mœurs les plus rigides ; ventre-
saint-gris, répliqua le roi, il faut qu'il ait bien
peu de vertus, s'il n'en a pas assez pour cacher
une foiblesse.

Les défauts ainsi compensés demandent grace
pour la nature humaine. Le soleil lui-même
n'est pas exempt de taches ; ceux qui veulent
les voir, les observent plus scrupuleusement.
Alexandre eut des passions violentes qui obs-
curcirent ses grandes qualités ; il fut coupable
de l'incendie de Persépolis & du meurtre de
Clitus : il s'en repentit, & dans beaucoup d'occasions on vit paroître le roi & le héros. Mal-
heureusement ses vices se tournerent en habitude. Ses insidieux courtisans, voyant qu'ils ne
pouvoient pas corrompre le *roi*, attaquerent
l'homme, & en séduisant *l'homme* ils trahirent
le roi. Combien d'autres exemples pourroient
venir à l'appui de celui-ci : Scipion l'Africain,
Caton, les deux premiers Césars, Marc-Antoine,
& tant d'autres dont les noms n'ont été que
fameux.

Tous ces modeles dangereux, que souvent les
historiens ont représenté plus grands que nature,
sont placés ici pour faire détester le vice, &
aimer la vertu : il faut souvent le redire aux
princes, c'est en négligeant cette *décence*, ce
decorum si recommandés, qu'ils plongent leurs

nations dans un abîme de vices & de déprava-
tions ; leurs vertus en sont offusquées & perdent
leur effet.

Louis XIV, qu'on peut regarder comme le
plus grand acteur qui ait jamais paru sur aucun
trône, étoit le souverain d'une monarchie abso-
lue ; il profita de l'activité & du génie de son
peuple pour l'attirer à lui par l'admiration &
le respect. Il étoit fier & réservé, & se distin-
gua par l'éclat d'une cour brillante. Il sacrifia
tellement aux apparences, qu'il voulut que sa
maîtresse eût une place chez la reine. C'est ainsi
qu'il se fit respecter chez lui, & admirer par
toutes les puissances voisines. Il eut l'art de
cacher ses vices & ses défauts en jettant un
voile sur la frivolité & la galanterie de sa cour.
Le régent, son successeur, non pas au trône,
mais au souverain pouvoir, avec de l'esprit &
point de mœurs, n'étoit qu'un infâme débau-
ché ; sa dépravation étoit affectée, & se trouvoit
plus encore dans ses discours que dans ses principes : sa mémoire ne laisse qu'un souvenir abo-
minable, & il faut l'abandonner aux auteurs
des chroniques scandaleuses.

Elisabeth fut la souveraine d'une monarchie
limitée : elle sut gagner l'affection d'un peuple
qu'il étoit plus aisé de gouverner que de con-
quérir. La couronne jouissoit alors d'un grand

pouvoir légal. La popularité étoit telle qu'elle
devoit être dans les gouvernemens mixtes, la
vraie base de l'autorité, prérogative que les autres
nations *abandonnent* à leur prince, mais qu'un
roi d'Angleterre est obligé *d'acquérir.* Cette reine
fut pénétrée de cette vérité, & toute sa conduite, pendant son regne, fut mesurée sur l'intérêt & l'honneur de sa nation, une véritable
tendresse pour son peuple, & une entiere confiance dans son attachement. Elle fit de grandes
choses & en sentit toute la valeur. Dans son
intérieur elle montra beaucoup d'affabilité &
même de la familiarité, non pas celle qui tient
à la *foiblesse*, mais à la *bonté.* Elle sut cacher
toutes les foiblesses de son sexe; & si elle se
livra quelquefois à des atteintes de coquetterie,
ce ne furent que des éclairs passagers qui firent
ressortir davantage son caractere. Elle eut des
amis & des favoris, mais ils n'oublierent jamais
qu'elle étoit reine.

Jacques premier n'eut que des vices; au lieu
de se concilier l'estime & l'affection de son
peuple, il chercha à lui en imposer : il voulut
inspirer du respect en propageant cette maxime
absurde & extravagante qu'on ne cesse de répé-
ter à tous les rois, qu'ils sont des *êtres intermé-
diaires* entre Dieu & les hommes, & qu'il faut
toujours comparer les mysteres de leur pouvoir

& l'étendue de leur prérogative avec ceux de
la Providence ; il régla toute sa conduite sur
cette folle prétention, & en exigeant trop de
respect & de soumission, il en perdit la plus
grande partie ; en un mot, il méconnut cette
grande vérité qu'un *bon roi* doit être, avant tout,
un *bon* citoyen. Les rois qui se tiennent éloignés
de la vue de leurs peuples sont plutôt haïs que
méprisés ; mais ceux qui se communiquent davantage, & dont les défauts sont plus à décou-
vert, sont haïs & méprisés ; c'est ce qui arriva
au roi Jacques.

Ne flattons point les princes ; ils doivent s'attendre à être observés scrupuleusement. La véritable popularité est fondée sur l'estime & l'affection. *Rois*, n'oubliez jamais que vous êtes
hommes : hommes, n'oubliez pas que vous êtes
rois. Ces deux maximes, mûrement pesées, vous
donneront la mesure juste de votre conduite.
Un roi doit se rappeller ce qu'il est, non pas
par la couronne qu'il porte sur sa tête, ni par
le sceptre qu'il tient dans sa main, ce sont les
hochets de l'orgueil & de la vanité. Un prince
sage cherche souvent à mettre *sa majesté* de côté.
En ne disant rien que ce qui est convenable,
il n'entendra que ce qu'on doit lui dire.

Ces préceptes seront d'une facile exécution
si le prince choisit avec un bon discernement

les perfonnes qui doivent compofer fa cour in-
time. Le choix de fes *entours* eft auffi effentiel
que celui de fes *miniftres* ; car il confie fes
affaires aux uns & fon caractere aux autres. On
fait combien les favoris des rois, leurs confeil-
lers & leurs maîtreffes ont influé dans l'adminiftration des affaires, & tout le mal qu'ils ont
fait ; l'hiftoire fourmille de ces triftes exemples.

Tous les principes que j'ai raffemblés dans ce
court effai fervent à faire connoître ce qui doit
conftituer le plus précieux des biens pour une
nation éclairée, UN ROI PATRIOTE. Qu'il feroit
facile de les inculquer dans le cœur d'un prince,
fi l'on étoit de bonne foi ! l'entendement peut
aifément les faifir, & l'application en eft fimple.
La tentative feroit inutile pour un prince dont
le cœur feroit corrompu ; je n'ai jamais prétendu
écrire pour ces fortes de princes, mais pour
ceux dont le cœur s'ouvre facilement à ces vérités, voilà mes premiers modeles. Combien
l'imagination eft fatisfaite en fe repofant fur les
heureux effets d'un regne patriote ! la beauté
de cette idée peut réalifer les rêves de Platon. Quel fpectacle en effet plus délicieux &
plus confolant que celui d'un roi qui reçoit les
acclamations d'un peuple ivre d'amour, d'admiration & de refpect ! Rien n'approche plus de
la divinité que de voir un fouverain revêtu du

pouvoir abfolu qui n'eft acquis ni par la fraude ni par la force, mais qui lui eft confié par l'eftime, la confiance & le pur attachement ; c'eft dans ce feul pouvoir que repofe le précieux bien *de la liberté*, & il ne refte plus d'autre vœu à faire pour ce prince chéri que de le voir *immortel*. C'eft de lui que le poëte peut dire avec vérité :

Volentes
Per populos dat jura, viamque affeclat olympi.

Je ne fouillerai point cet écrit par le portrait hideux de la guerre civile, ce monftre que Virgile a fi bien dépeint :

Centum victus catenis
Poft tergum nodis, fremit horridus ore cruente.

Ce monftre, dis-je, doit refter enchaîné & terraffé pour fervir de triomphe à mon ROI PATRIOTE. Portons plutôt nos regards fur le temple de la paix & de la concorde ; que le bonheur & la profpérité viennent habiter cette terre heureufe, alors le peuple, délivré de l'efclavage & de toutes fes alarmes, pourra fe livrer à toute fon alégreffe, la joie éclatera fur tous les vifages, le contentement fera dans tous les cœurs, & l'induftrie fera bientôt refleurir l'abondance.

Ceux qui vivront affez pour jouir de ces

jours fortunés , se rappelleront peut-être quelquefois un *bon citoyen* dont le dernier soupir
sera le vœu le plus ardent pour le bonheur de
sa patrie, & dont les yeux se fermeront sans
regret, lorsqu'il verra un ROI PATRIOTE uni avec
son *peuple chéri*.

F I N.

N O T E S.

(1) *Elisabeth*. Cette femme extraordinaire, qui avoit
peu des foiblesses de son sexe, montra sur le trône les
plus grandes vertus du nôtre. Elle porta le sceptre anglois
avec une majesté & une sagesse dignes de servir d'exemple
à tous ceux que la Providence charge de gouverner les
nations, en commettant entre leurs mains le superbe
office de roi, si pénible à bien remplir, si amer pour qui
s'en acquitte mal.

(2) *Charles II* eut de grands talens, un esprit vif
& enjoué, & fut beaucoup plus prodigue que libéral.
Il joignoit à ces qualités celle d'être sur le trône aussi
affable dans ses manieres, & d'une conversation si aisée,
qu'il lui eût été facile de corrompre & d'asservir la nation, s'il eût moins aimé ses plaisirs, ou si en les aimant,
il eût été moins dissipé & plus laborieux. Heureusement
pour les Anglois, ce ne fut gueres que dans sa cour qu'il
introduisit ce libertinage de l'esprit & du cœur qui enfante
toujours la frivolité. La capitale en sentit peu l'influence,
& les provinces la sentirent bien moins. Ce fut à cette

époque que la France, oubliant ce qu'elle étoit, &
guidée par de petites idées mercantiles, commença à
gêner chez elle le commerce des grains. L'Angleterre
profita de sa faute, & se mit sur les rangs pour s'ar-
roger cette belle branche de commerce. Cette noble
manufacture qui fait tout aller dans l'intérieur, & dont
l'Angleterre ne pourra jamais avoir du débit au-dehors,
quand la France le lui défend en se le permettant à elle-
même.

(3) La Reine Anne n'eut point de vices & peu de
défauts ; mais elle n'eut ni les connoissances, ni la fer-
meté, ni les autres sublimes qualités d'Elisabeth. Rem-
plie des vertus de l'état privé, elle n'eut point les vertus
du trône : son sceptre lui pesa dans les mains. Il fut heureux pour l'Angleterre, qu'éloignée de toute idée de
galanterie, & de tout esprit de superstition & de fana-
tisme ; chaste dans sa maison, pieuse dans sa religion,
elle eut assez peu de passions & assez de bon sens pour
se laisser gouverner par de plus habiles qu'elle. Par-là
son regne fut glorieux ; par-là elle acquit l'amour de
son peuple & mourut regrettée.

(4) Il y a long-tems que l'on a prédit aux Anglois
le renversement du fragile édifice de leurs finances.
M. Hume l'avoit assigné à une période très-prochaine.
Il regardoit la banqueroute comme impraticable, mais
il ajoutoit que la dissolution du crédit public pouvoit
s'opérer de trois manieres. 1°. Lorsqu'il paroîtroit quelque visionnaire entreprenant avec des projets chimériques
qu'il réussiroit à faire adopter, de cette maniere, dit
M. Hume, *l'état mourroit de la main du médecin.* 2°. Lorsque l'argent & la confiance seroient épuisés, suites
funestes

funestes des guerres malheureuses & des autres cala-
mités publiques ; alors l'édifice s'écrouleroit : cette
seconde dissolution pourroit être appellée, dit-il, *la
mort naturelle du crédit public* ; il tend à cette période
aussi naturellement qu'un corps animal à sa destruction.
3°. La troisieme catastrophe, plus fatale aux Anglois
que les deux premieres, seroit celle qui résulteroit de
la conquête de leur pays : M. Hume l'appelle *la mort
violente du crédit public*.

www.ingramcontent.com/pod-product-compliance
Lightning Source LLC
LaVergne TN
LVHW012102030726
842523LV00002B/667